DIESES BUCH GEHÖRT:

I0405729

www.ingramcontent.com/pod-product-compliance
Lightning Source LLC
Chambersburg PA
CBHW021838170526
45157CB00007B/2839

9781074731090